W0396288

Lernbiene®

... schöne Unterrichtsmaterialien!

Andrea Madlener

Die kunterbunte Farbenwerkstatt

Eine Lernwerkstatt für Klasse 2–3

WERKSTATTLERNEN

KUNST

Impressum

Copyright © 2010 Lernbiene Verlag GmbH
1. Auflage 2010
ISBN 978-3-86998-642-5

Die Nutzung und Verwertung der Materialien ist nur im Rahmen der vertraglich eingeräumten Rechte zulässig.

Titel: Die kunterbunte Farbenwerkstatt
Inhalt: Andrea Madlener
Illustration: Veronika Mischitz
Foto: © Tatyana Gladskih – Fotolia.com (Cover)

Verlag: Lernbiene Verlag GmbH
Zarlachstraße 4
82442 Saulgrub
Tel.: 08845-757252
Fax: 08845-757253
http://www.lernbiene.de

Inhalt

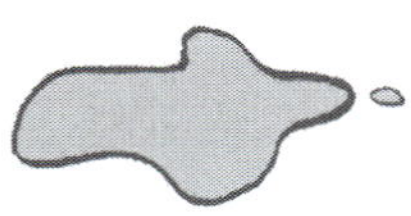

Anmerkung*: *In dieser Werkstatt gibt es zu einigen Stationen keine Arbeitsblätter, da es sich hierbei um Partnerübungen bzw. Versuche handelt. Die Arbeitsaufträge zu diesen Aktivitäten finden Sie wie gewohnt auf den Auftragskarten.*

Die kunterbunte Farbenwerkstatt

von Andrea Madlener
mit Illustrationen von Veronika Mischitz

Die Welt der Farben

Die Farbenlehre beschäftigt sich mit der Farbentstehung, der Farbmischung und mit der Wirkung von Farben auf den Betrachter, also mit der Wahrnehmung von Farben und mit deren psychologischer Bedeutung.

Farbe ist ein subjektiver Sinneseindruck, der entsteht, wenn Licht einer bestimmten Wellenlänge auf die Netzhaut des Auges fällt. Diese elektromagnetische Strahlung veranlasst dort spezielle Sinneszellen zu einer Nervenerregung, die zum Gehirn geleitet wird und dort als Farbe ins Bewusstsein des Menschen tritt. Farbe ist also eine Sinnesempfindung und keine physikalische Eigenschaft eines Gegenstandes.

Die Farbwahrnehmung ist ein Teilbereich der Wahrnehmung des Menschen und auch mancher Tiere. Auf die Sinnesorgane (Augen) treffende Lichtstrahlung wird dabei in einen Sinneseindruck umgewandelt. Lichtwellen unterschiedlicher Wellenlängen dringen durch Iris und Linse in das Auge und treffen dort auf die Netzhaut. Diese Informationen werden weiter zum Gehirn geleitet. Die Wahrnehmung von Farben ist assoziativ stark mit Erfahrungen, Wünschen und Vorstellungen verbunden.

Die Farben des Regenbogens – Rot, Orange, Gelb, Grün, Blau, Indigo und Violett – erkannte schon 1666 der Physiker Isaac Newton, als er durch ein dreieckiges Glasprisma ins Sonnenlicht blickte. Dieses Lichtgebilde, das die Regenbogenfarben enthält, nennt man in der Physik Farbspektrum.
Wir sehen aber auch die unbunten Farben Weiß, Schwarz, Braun und die Mischtöne aus bunten und unbunten Farben.
Bei der Farbe Schwarz wird der größte Teil der Lichtstrahlen nicht reflektiert, sondern absorbiert. Die wenigen Lichtstrahlen, die zurückgeworfen werden, enthalten alle Farbstrahlen, sind also das fast lichtlose Resultat aller Farben. Weiß reflektiert fast das ganze Licht, in ihm sind alle Farbstrahlen enthalten.

© Lernbiene Verlag
www.lernbiene.de

Das in der menschlichen Wahrnehmung als weiß empfundene Sonnenlicht besteht in Wirklichkeit aus vielen einzelnen Farben. Sichtbar werden diese beim Durchgang durch ein Prisma, welches das weiße Licht in seine Spektralfarben zerlegt: Sie gehen von Rot über Orange, Gelb, Grün Blau und Indigo bis zum Violett kontinuierlich ineinander über. Jenseits von Rot und Violett gibt es für das menschliche Auge unsichtbare Lichtwellen: Infrarot und Ultraviolett.

Farben zeichnen sich aus durch folgende Kontraste.

- Hell und Dunkel: Die Wirkung kommt aus dem Nebeneinander von mindestens zwei Farben in verschiedener Helligkeit zustande. Den größten Kontrast bilden Schwarz und Weiß, bei den Buntfarben sind es Gelb und Violett.
- Warm und Kalt: Jede Farbe des Spektrums lässt sich durch ihre Wellenlänge oder Schwingungszahl genau messen und wird dementsprechend eingeteilt:

Rot – Orange – Gelb	WARME FARBEN
Grün	ist weder warm noch kalt, es ist neutral. (Grün ist die Farbe in der Mitte im Regenbogenspektrum.)
Violett – Blau	KALTE FARBEN

Unser Organismus reagiert – je nach Umgebungsfarbe – physiologisch nachweis- und messbar mit Atemfrequenz- und Pulsschlagveränderung.
Rot, Orange und Gelb sind warme, sich ausdehnende Farben, die auf uns zu kommen und deshalb erwärmend wirken.
Die kurzwelligen Farben – Violett und Blau – entfernen sich und wirken distanziert und kühl. Für alle Farben gilt, dass ein Zuviel eine positive Wirkung leicht ins Negative umkehrt.

Mehr als andere Elemente in einem Raum lösen Farben emotionale Reaktionen aus. Sie wirken auf die Stimmung des Menschen und tragen zum Wohlbefinden bei. Die Wirkung einer Farbe hängt dabei von persönlichen Erfahrungen, Traditionen, geografischen Gegebenheiten und dem Zusammenhang, in dem wir eine Farbe erleben, ab.

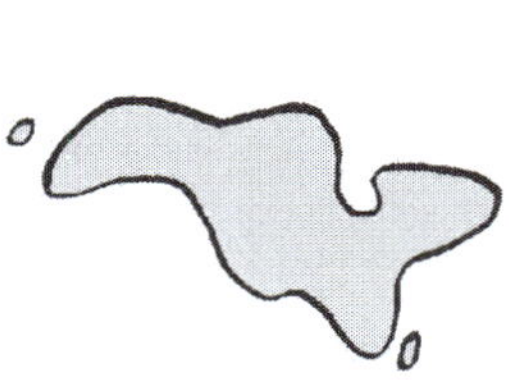

© Lernbiene Verlag
www.lernbiene.de

Schon im Alter von etwa vier Monaten haben Kinder eindeutig Lieblingsfarben. Dies geht aus einer Studie von Anna Franklin – Universität von Surrey – hervor. Babys lieben Violett, Rot, Orange und Blau.
Nach einer Untersuchung von Heinrich Frieling ändern sich die Lieblingsfarben von Kindern im Laufe ihres Alters:

- Kindergartenalter: Purpurviolett und Reinrot
- Neun- bis Zehnjährige: Rot
- Elf- bis Zwölfjährige: Gelb und Grün
- Dreizehn- und Vierzehnjährige: Ultramarinblau
- Pubertät: Schwarz

Zur Praxis

Die kunterbunte Farbenwerkstatt soll die Kinder in die Welt der Farben entführen. An vielen Stationen können sie Versuche und Zeichnungen mit Farben machen. Ein bisschen Theorie und Farbenlehre wird mit vielen Möglichkeiten zum Ausprobieren und Experimentieren verbunden.
Ich habe mit der Farbenwerkstatt im Laufe der 2. Klasse oder zu Beginn der 3. Klasse gearbeitet. Sie eignet sich gut als Einstieg in die Werkstattarbeit und als Auftakt nach den Ferien.
Station 1 („Der Farbkreis") und Station 6 („Wir kennen viele Farben") habe ich immer als Pflichtstationen markiert, die alle Kinder machen müssen, damit sie einen gewissen Kernstoff mitbekommen. Die anderen Stationen können die Schüler frei wählen.

Die Werkstatt kann auf den Kopien bearbeitet und am Schluss zu einem bunten Farbenbuch gebunden werden. So können die Kinder viele Aufgaben und Experimente zum Thema Farben sammeln und dann als farbiges Erinnerungsbuch mit nach Hause nehmen.

Weniger aufwändig ist die Arbeit in einem Werkstattheft, in das die Arbeitsblätter geklebt werden. Manche Stationen können direkt im Heft gemacht werden, wodurch die Kopierkosten reduziert werden können.

Vorbereitungen für den Einsatz der Farbenwerkstatt

Für viele Stationen werden unterschiedliche Farbmaterialien benötigt. Die Kinder sollen Experimente mit verschiedenen Farben machen: Wasserfarben, Fingerfarben, Wachskreiden, Tafelkreiden, Kohle, Filzstifte, Buntstifte, etc. sollten bereitstehen.

Stationen 1, 2, 7, 8, 10, 11, 12, 15, 16, 18, 20: Kopien für alle Schüler anfertigen

Station 3:	Verschiedene Bälle (Massagebälle, Igelbälle, Jonglierbälle,...) zum Massieren bereitstellen
Station 4:	Legespiel auf dickes Papier kopieren und laminieren
Station 5:	Arbeitsanleitung kopieren und laminieren; Kopiervorlagen für Farbspiralen auf dickeres Papier kopieren und auflegen; Aus Zahnstochern und Korkscheiben kann ein Kreisel angefertigt werden. Man kann aber auch einen fertigen Kreisel verwenden, der funktioniert meist besser.
Station 6:	Lückentext für alle kopieren; Farbkartei farbig kopieren und laminieren
Station 9:	Merksatz mehrmals kopieren und laminieren
Station 13:	Fisch auf festeres Papier (evtl. A3) kopieren, dann mit Wasserfarben anmalen. Den Fisch gibt es als separate Malvorlage noch einmal zusätzlich zu dem Stationsblatt.
Station 14:	Folien (von Heftumschlägen) in den Grundfarben: Rot, Gelb und Blau

Station 17:

Sonnencreme oder Körperlotion mit Speisefarben in den Grundfarben Rot, Gelb und Blau einfärben.
Den Arbeitsplatz mit Folie abdecken.
Damit die Kinder sich die Hände abputzen können, müssen genügend Einweg-Papierhandtücher hergerichtet werden. Auch Handtücher sind gut geeignet, um sich die Hände zu reinigen.

Station 19:

Die Farbspirale wird auf festeres Papier kopiert. Es gibt sie als separate Malvorlage noch einmal zusätzlich zu dem Stationsblatt.
Nachdem die Kinder die Spirale auf beiden Seiten mit Wachskreiden bemalt haben, kann das Blatt – je nach Dicke – noch laminiert werden, was allerdings meist nicht unbedingt notwendig ist. Es empfiehlt sich, ein Probeexemplar anzufertigen.
Dann die Spirale ausschneiden und in der Mitte einen Faden durchstechen, an dem sie aufgehängt werden kann. Die Farbspiralen sind eine nette Klassendekoration, die sich über dem Heizkörper oder bei Luftzug drehen.

Literaturangaben

- Schönrade, Silke: Kinderräume – Kinderträume. 2. Auflage. Borgmann Verlag. Dortmund, 2005
- Stöcklin-Meier, Susanne: Unsere Welt ist bunt. Kösel Verlag. München, 2001
- Seitz, Marielle und Rudolf: Rot, Gelb, Blau und alle Farben. 4. Auflage. Don Bosco Medien GmbH, 2005

Wir wünschen Ihnen viel Freude und Erfolg beim Einsatz der Werkstatt!

Farbkartei 1

Die Grundfarben

Es gibt drei Farben, die man nicht durch das Mischen anderer Farben erhalten kann. Das sind Rot, Gelb und Blau.

Man nennt sie auch Primärfarben. Aus diesen Farben entstehen alle anderen Farben.

Farbkartei 2

Die Sekundärfarben

Wenn du jeweils zwei Grundfarben miteinander mischst, erhältst du die Sekundärfarben.

Aus Blau und Rot entsteht Violett,
aus Rot und Gelb entsteht Orange und
Gelb und Blau ergeben Grün.

Farbkartei 3

Farbspektrum

Alle Farben des Regenbogens zusammen nennt man Farbspektrum:

Rot, Orange, Gelb, Grün, Blau, Indigo und Violett.

Farbkartei 4

Komplementärfarben

Diese Farben weisen die größten Gegensätze auf.
Sie liegen sich auf dem Farbkreis gegenüber.
Rot - Grün, Gelb - Violett, Blau - Orange.
Werden sie nebeneinander eingesetzt, wird die Leuchtkraft der Farben erhöht.

© Lernbiene Verlag
www.lernbiene.de

Farbkartei 5

Warme und kalte Farben

Manche Farben strahlen Wärme, andere Kälte aus. Man nennt sie warme oder kalte Farben.

Warme Farben

Kalte Farben

Farbkartei 6

Der Farbkreis

Im Farbkreis liegt immer einer Grundfarbe eine gemischte Farbe – die Komplementärfarbe - gegenüber.

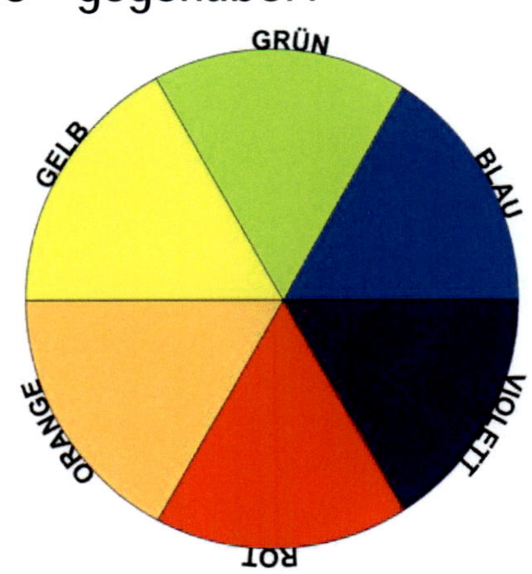

© Lernbiene Verlag
www.lernbiene.de
Lernbiene®

Laufzettel

Name: ________________________________

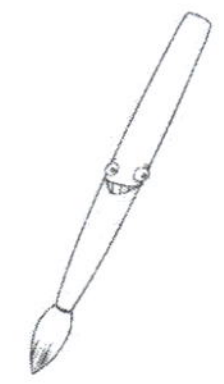

Station	erledigt	Unterschrift
Station 1: Farbkreis		
Station 2: Farbkreis-Collage		
Station 3: Massage		
Station 4: Doppelgänger-Karten		
Station 5: Bunte Farbkreisel		
Station 6: Wir kennen viele Farben		
Station 7: Farbmaterialien		
Station 8: Meine Lieblingsfarbe		
Station 9: Kontraste		
Station 10: Warme Farben		
Station 11: Kalte Farben		
Station 12: Farbiger Buchstabensalat		
Station 13: Immer heller!		
Station 14: Farbige Kreise		
Station 15: Farbwörter		
Station 16: Farben mischen		
Station 17: Farbige Cremes		
Station 18: Bunt gemischt!		
Station 19: Farbspirale		
Station 20: Regenbogen		

© Lernbiene Verlag
www.lernbiene.de

Lernbiene®

Station 1 - Farbkreis

Nimm ein Blatt und male es wie auf der Vorlage an.

Schreibe als Überschrift Farbenwerkstatt oben auf das Blatt.

Station 2 - Farbkreis-Collage

Gestalte einen Farbkreis!

Reiße aus farbigem Papier und buntem Zeitungspapier Schnipsel und klebe sie in Form eines Farbkreises auf.

© Lernbiene Verlag
www.lernbiene.de

Station 3 - Massage

Suche dir einen farbigen Ball aus.

Massiere damit vorsichtig den Rücken deines Partners.

Station 4 - Doppelgänger-Karten

Spielt das Legespiel zu zweit oder in einer kleinen Gruppe.

Station 5 - Bunte Farbkreisel

An dieser Station kannst du einen kleinen Versuch durchführen.

Nimm die Anleitung und lies sie genau durch.

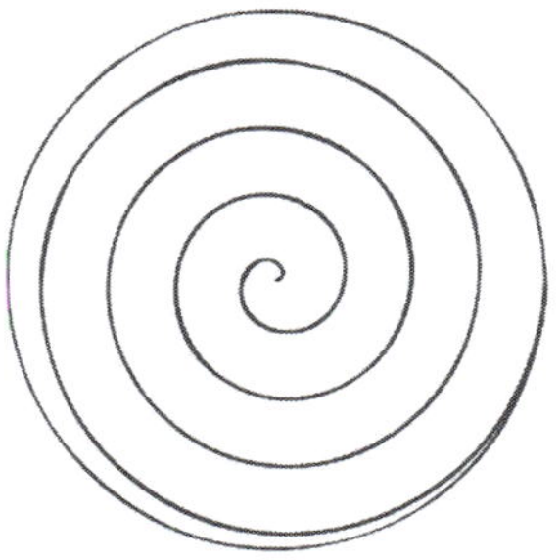

Station 6 - Wir kennen viele Farben

Fülle den Lückentext aus.

Die Antworten findest du in der Farbenkartei.

© Lernbiene Verlag
www.lernbiene.de

Lernbiene®

Station 7 - Farbmaterialien

Probiere auf einem weißen Blatt Papier unterschiedliche Farbmaterialien aus: Buntstifte, Filzstifte, Wachskreiden, Kohle, Wasserfarben, Fingerfarben, Tafelkreide, ...

Station 8 - Meine Lieblingsfarbe

Nimm ein Arbeitsblatt und gestalte es mit deiner Lieblingsfarbe.

© Lernbiene Verlag
www.lernbiene.de

Lernbiene®

Station 9 - Kontraste

Schreibe den Merksatz in dein Heft.

Male auch die Beispiele ab.

Station 10 - Warme Farben

Nimm dir ein Mandala.

Male das Mandala mit warmen Farben aus.

© Lernbiene Verlag
www.lernbiene.de

Station 11 - Kalte Farben

Gestalte eine Collage und verwende dafür kalte Farben.

Reiße Zeitungspapier und Bastelpapier in kleine Stücke und gestalte damit deine Collage.

Station 12 - Farbiger Buchstabensalat

Suche die versteckten Farben im Buchstabengitter.

Kreise jede Farbe ein.

© Lernbiene Verlag
www.lernbiene.de

Lernbiene®

Station 13 - Immer heller!

Suche dir eine Farbe aus (Rot - Blau - Grün).

Male den Fisch an.

Beginne mit einem ganz dunklen Farbton und werde immer heller.

Versuche, die Farbe mit Deckweiß noch heller zu mischen.

Station 14 - Farbige Kreise

Schneidet aus den Folien Kreise aus, die Größe der Kreise ist egal.

Legt die Kreise so, dass sie übereinander liegen.

Es entstehen neue Farben! Welche?

Besprecht das Ergebnis.

© Lernbiene Verlag
www.lernbiene.de

Station 15 - Farbwörter

Nimm ein Arbeitsblatt und verbinde alle Wörter mit der Farbe, zu der sie passen.

Male das Arbeitsblatt an!

Station 16 - Farben mischen

Nimm dir ein Arbeitsblatt und Wasserfarben.

Decke deinen Arbeitsplatz ab, bevor du mit der Arbeit beginnst.

Mische die Farben.

Station 17 - Farbige Cremes

Nimm die farbigen Cremes.

Vermische sie in und auf deiner Hand.

Welche neuen Farben entstehen?

Station 18 - Bunt gemischt

Nimm dir ein Arbeitsblatt.

Mische die Farben.

Station 19 - Farbspirale

Bastle eine Farbspirale:

Male die Spirale mit Wachskreiden auf beiden Seiten an. Auf der Rückseite kannst du dir auch ein eigenes Muster ausdenken.

Schneide die Spirale mit der Schere an der schwarzen Linie entlang aus.

Deine Lehrerin hängt die Spirale dann auf.

Station 20 - Regenbogen

Suche im Internet oder in Büchern Bilder von Regenbogen.

Male den Regenbogen in den richtigen Farben an.

© Lernbiene Verlag
www.lernbiene.de

Lernbiene®

Station 1 – Farbkreis

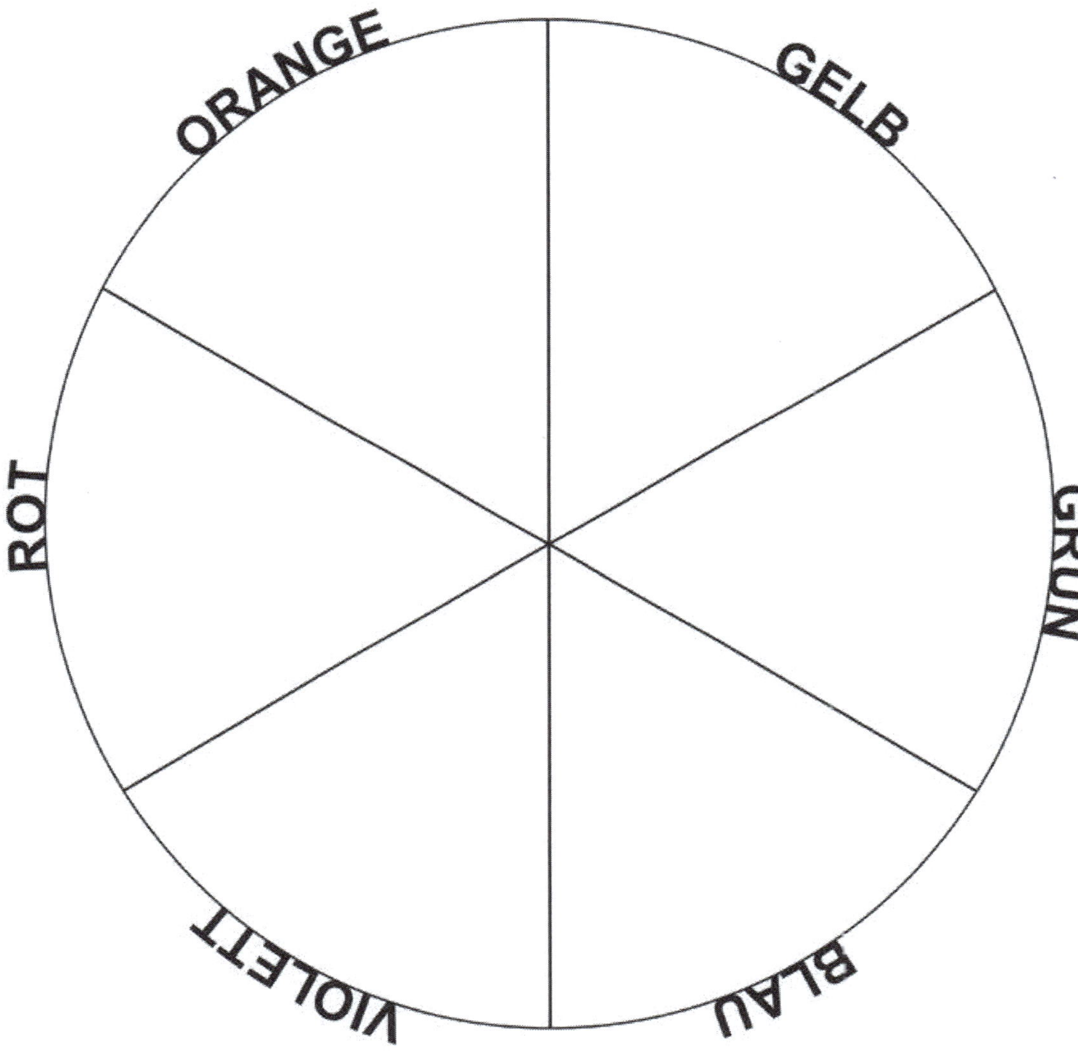

© Lernbiene Verlag
www.lernbiene.de

Station 2 - Farbkreis-Collage

Gestalte einen Farbkreis!

Reiße aus farbigem Papier und buntem Zeitungspapier Schnipsel und klebe sie in Form eines Farbkreises auf!

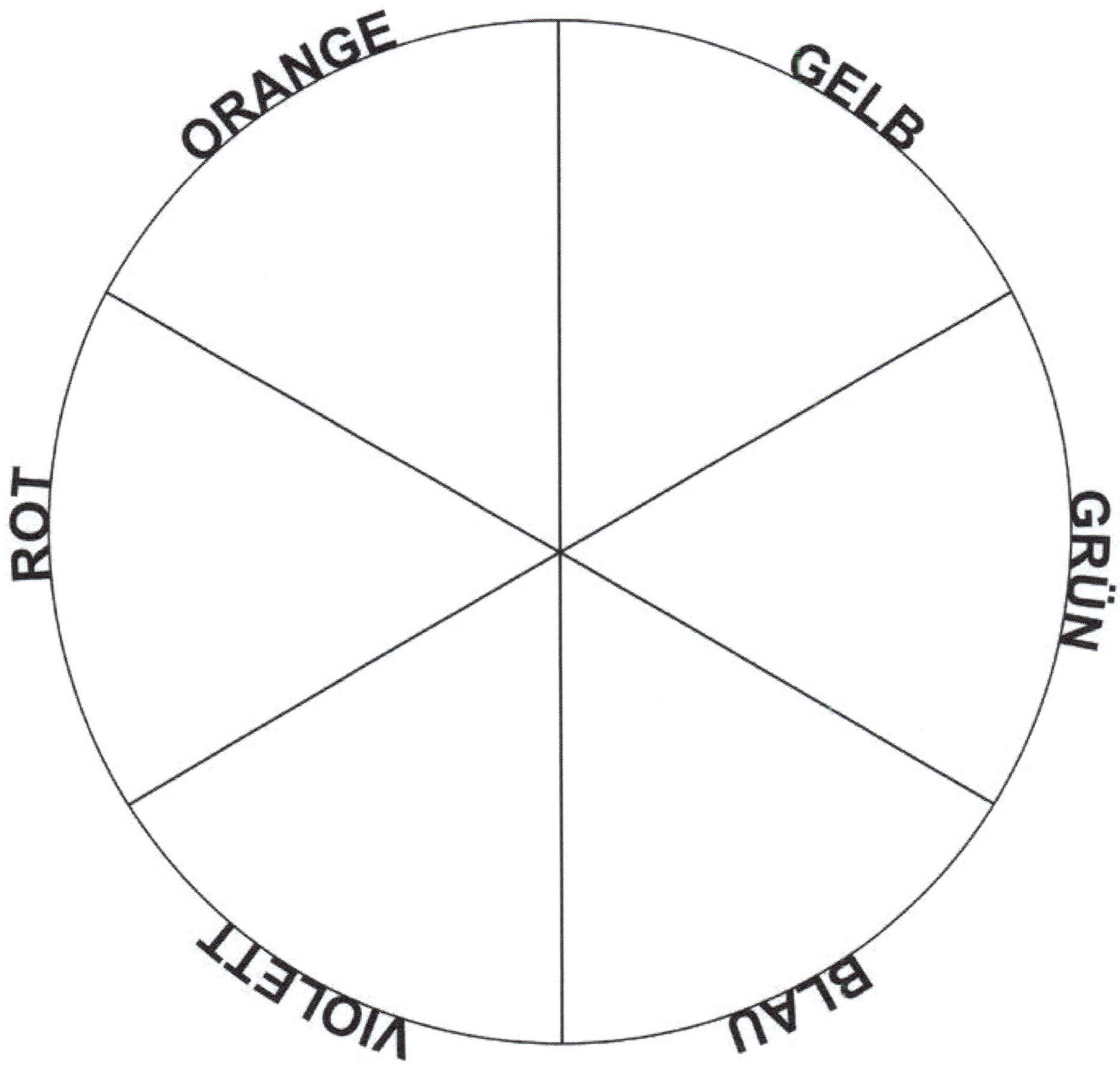

© Lernbiene Verlag
www.lernbiene.de

Station 4 - Doppelgänger-Karten

blau	Gelb	rot	grün
schwarz	orange	violett	weiß

Station 5 - Bunte Farbkreisel

Schneide eine Scheibe aus. Nimm dazu die kopierte Vorlage.

Bemale die Scheibe mit einem Muster aus zwei Farben.
Hier siehst du drei Beispiele für Muster:

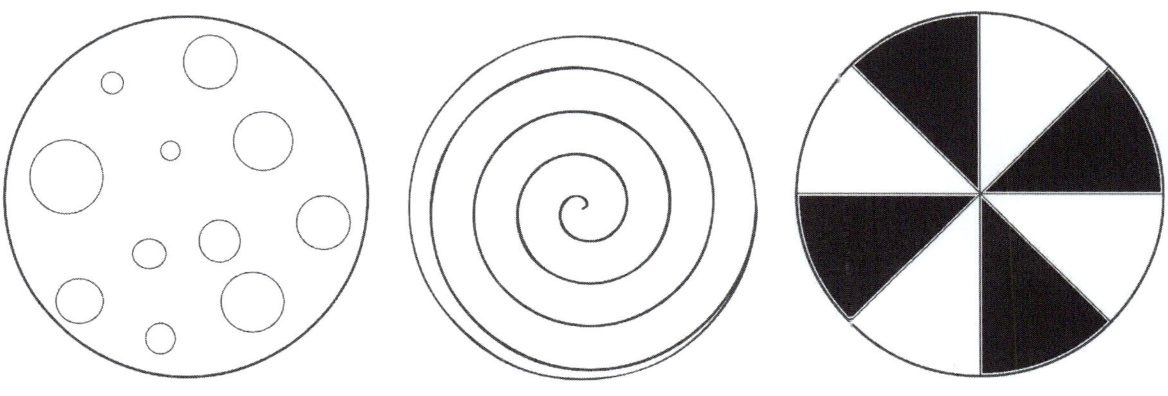

Schneide deine Scheibe aus.

Stecke durch die Mitte der Scheibe einen Zahnstocher.
Setze den Zahnstocher mit der Spitze auf den Tisch.
Drehe die Scheibe schnell wie einen Kreisel.
Du kannst die Scheibe auch auf einen Kreisel setzen.

Beobachte genau!
Was passiert? Beschreibe es in deinem Heft!

© Lernbiene Verlag
www.lernbiene.de

Lernbiene®

Station 5 - Vorlage Farbkreisel

Bemale die Scheibe und schneide sie aus!

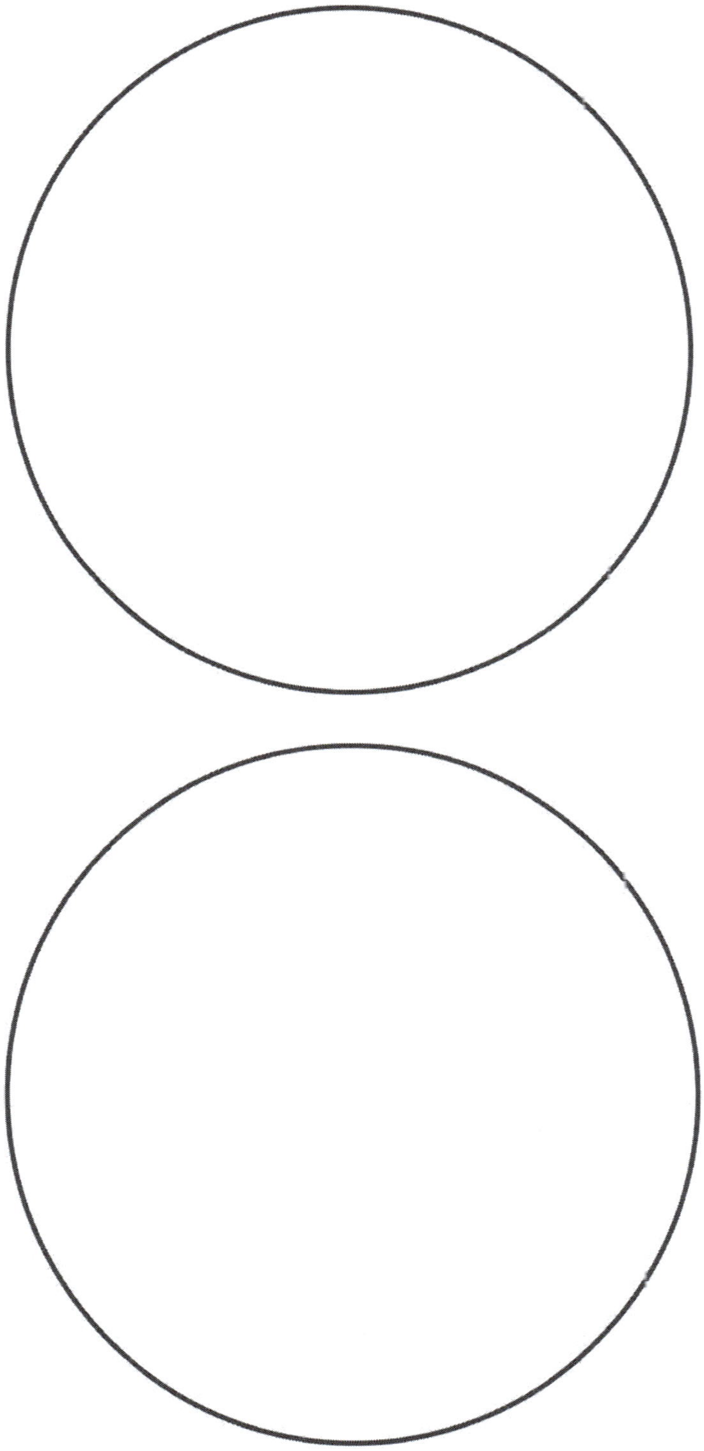

Station 6 – Wir kennen viele Farben

Entdecke die Farben.
Die Farbkartei hilft dir dabei.

Aus den drei Grundfarben ______________, ______________ und

______________ kann ich alle Farben mischen.

Wenn ich Rot und Gelb mische, bekomme ich ______________.

Der größte Gegensatz zu Gelb ist ______________.

Das sind kalte Farben: (Male sie auf!)

Der Regenbogen hat ______ Farben. (Wie viele?)
Male einen Regenbogen!

© Lernbiene Verlag
www.lernbiene.de

Lernbiene®

Station 7 - Farbmaterialien

Probiere verschiedene Farbmaterialien aus:
Male immer einen Kreis, ein Herz und ein Quadrat!

Buntstifte:

Filzstifte:

Wachskreiden:

Tafelkreiden:

Pastellkreiden:

Kohle:

Wasserfarben:

Fingerfarben:

Station 8 - Meine Lieblingsfarbe

Meine Lieblingsfarbe:

... mit Buntstiften

... mit Wachskreiden

... mit Wasserfarben

... mit Filzstiften

Dies ist die Kontrast-Farbe zu meiner Lieblingsfarbe:

Klebe Dinge auf, die deine Lieblingsfarbe haben:

Schreibe Dinge auf, die deine Lieblingsfarbe haben:

____

Warum magst du diese Farbe so gerne?

____

____

____

© Lernbiene Verlag
www.lernbiene.de
Lernbiene®

Station 9 - Kontraste

Schreibe den Merksatz in dein Heft!

Merksatz Kontraste:

Zwischen den Farben gibt es verschiedene Kontraste (= Gegensätze):

Hell - Dunkel:
Den größten Kontrast bilden Schwarz und Weiß, bei den Buntfarben sind es Gelb und Violett.

Warm - Kalt:
Warme Farben sind Rot - Orange - Gelb.

Kalte Farben sind Violett - Indigo - Blau.

Grün ist weder warm noch kalt, es ist neutral.
Grün ist die Farbe, die sich in der Mitte des Regenbogens befindet.

© Lernbiene Verlag
www.lernbiene.de

Lernbiene®

Station 10 – Warme Farben: Mandala

Station 11 - Kalte Farben: Regentropfen

Erinnere dich an kalte Farben! (Violett- und Blautöne)
Reiße aus verschiedenem Papier (Zeitung, Bastelpapier,...) kleine, fingernagelgroße Stücke in diesen Farben und gestalte damit einen Riesenregentropfen!

© Lernbiene Verlag
www.lernbiene.de

Station 12 - Farbiger Buchstabensalat

Finde die elf versteckten Farben!

F	R	O	D	E	P	S	B	A	U	Z	E	H	B	E
E	O	W	N	S	K	M	W	E	I	S	S	Ä	F	U
J	S	U	B	L	A	U	G	B	K	L	B	V	W	I
T	A	T	Y	W	M	I	K	A	S	E	G	Z	K	L
W	I	P	G	X	O	V	I	O	L	E	T	T	B	G
M	X	Q	R	U	Z	K	M	J	F	U	J	M	G	O
F	G	E	A	S	L	S	E	U	O	S	S	E	R	W
P	E	V	U	K	U	I	S	F	G	M	L	I	Ü	L
H	L	H	B	F	S	H	L	R	X	S	G	M	N	B
L	B	Ü	G	W	Ä	J	E	O	H	B	Ä	K	U	E
A	V	I	Z	O	G	B	U	T	A	U	M	B	L	K
K	E	U	O	B	K	M	V	J	L	B	R	A	U	N
H	S	I	W	K	I	E	S	S	V	M	S	E	F	V
O	R	A	N	G	E	T	P	U	A	G	K	Z	B	O
T	Ö	I	B	P	Z	S	C	H	W	A	R	Z	X	A

Diese Farben habe ich gefunden:

© Lernbiene Verlag
www.lernbiene.de

Station 13 - Immer heller!

Station 15 – Farbwörter

Verbinde alle Wörter mit der Farbe, zu der sie passen!

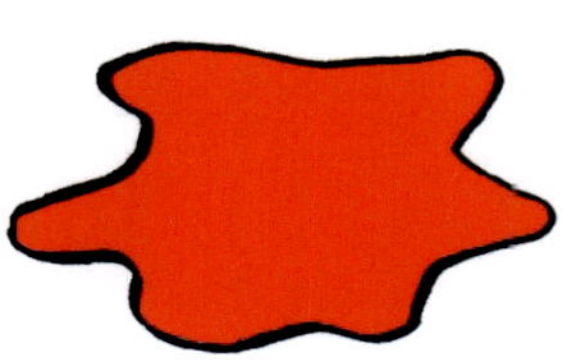

himmel-
hell-
tauben- feuer-
smaragd-
apfel-
kirsch-
raben- sonnen-
nacht-
zitronen-
wasser-
fuchs-
rost-
flaschen- blass-
erdbeer- neon-
blut-
eis- tannen-
dunkel- kohl-
karotten- jeans- gras-
ziegel- indigo-
dotter-
veilchen- oliv-
kiwi-
schnee- kornblumen-
frosch- signal-

© Lernbiene Verlag
www.lernbiene.de

Lernbiene®

Station 16 - Farben mischen

Nimm deine Wasserfarben und mische aus ROT, GELB und BLAU die anderen Farben!

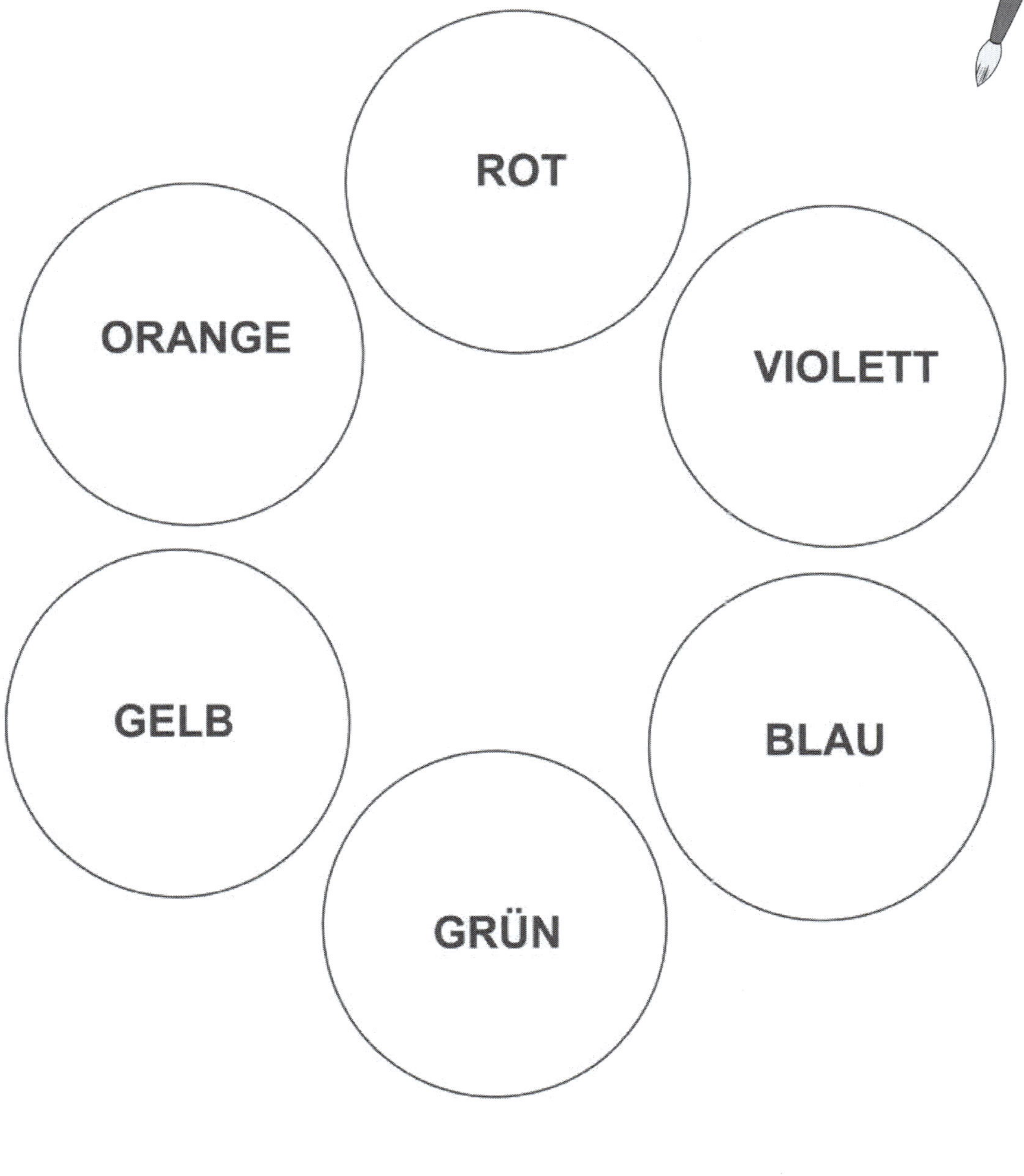

Station 18 - Bunt gemischt!

Mische die Farben.
Verwende Wasserfarben oder Plakatfarben.

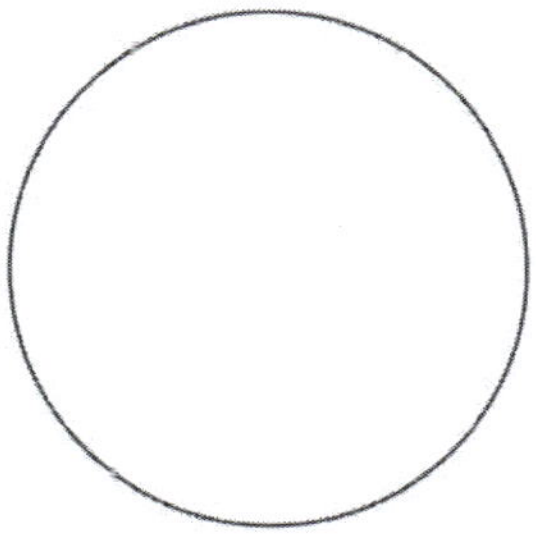

● Mische Rot und Gelb!
Welche Farbe entsteht?

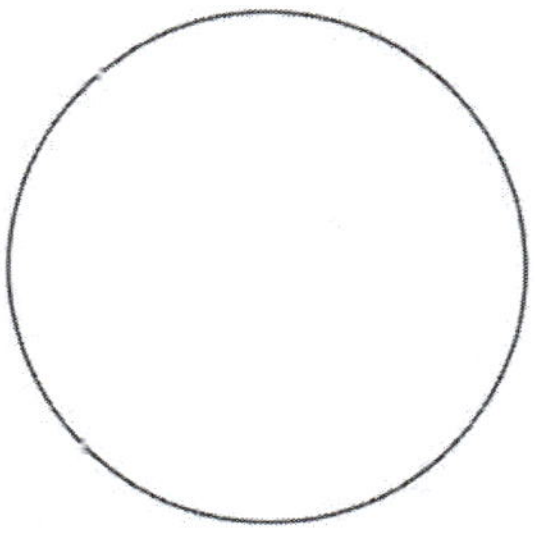

Mische Blau und Gelb!
Welche Farbe entsteht?

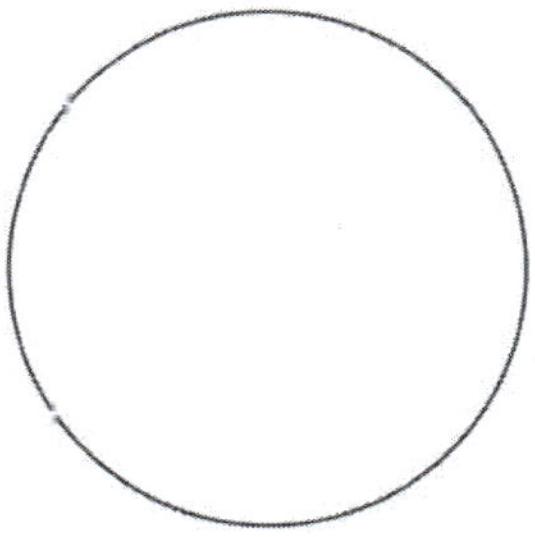

● Mische Blau und Rot!
Welche Farbe entsteht?

Wähle selbst zwei Farben aus!

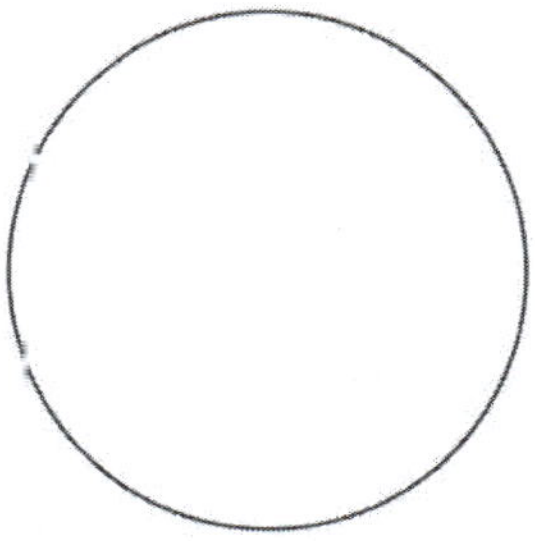

Ich habe ____________ und _____________
gemischt!
Diese Farbe ist entstanden:

© Lernbiene Verlag
www.lernbiene.de

Station 19 – Farbspirale

Station 20 - Regenbogen

Suche im Internet oder in Büchern Bilder von Regenbogen.
Male den Regenbogen in den richtigen Farben an.

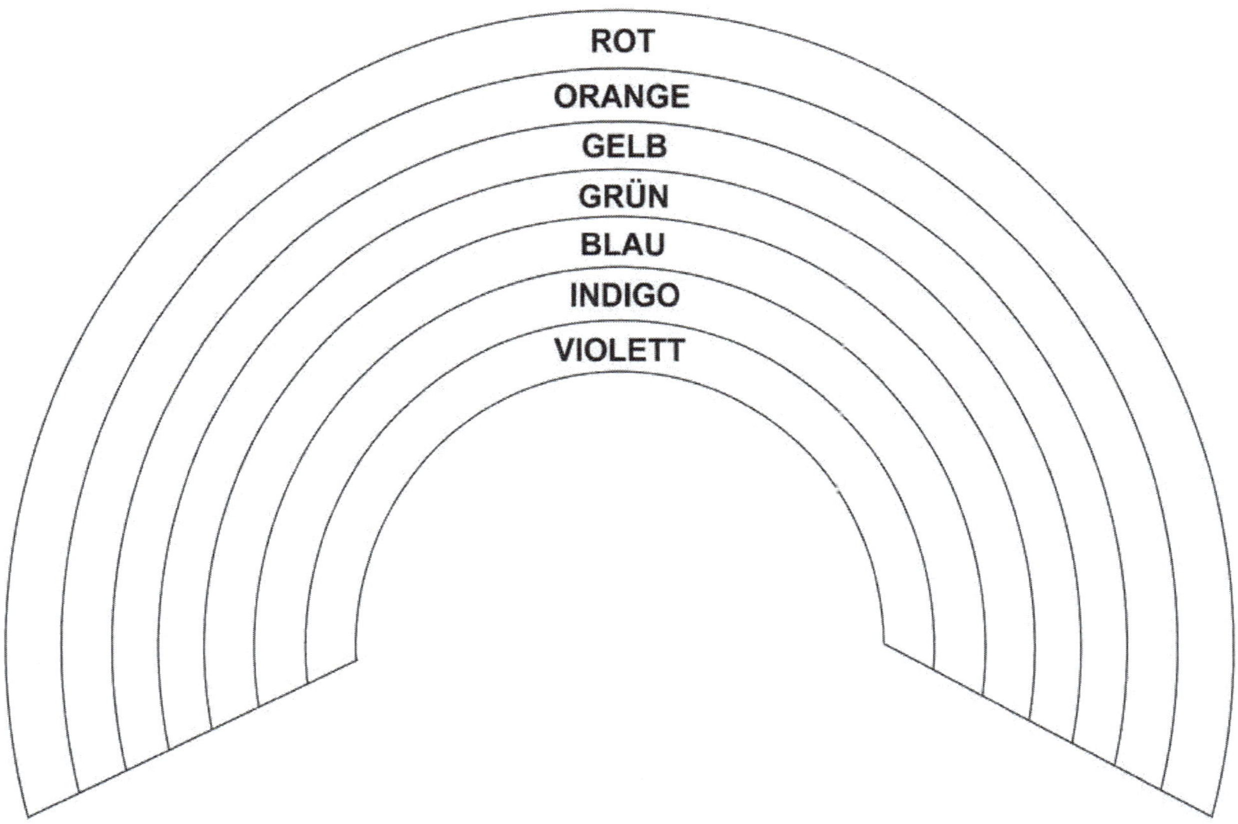

Lösung Station 1 - Farbkreis

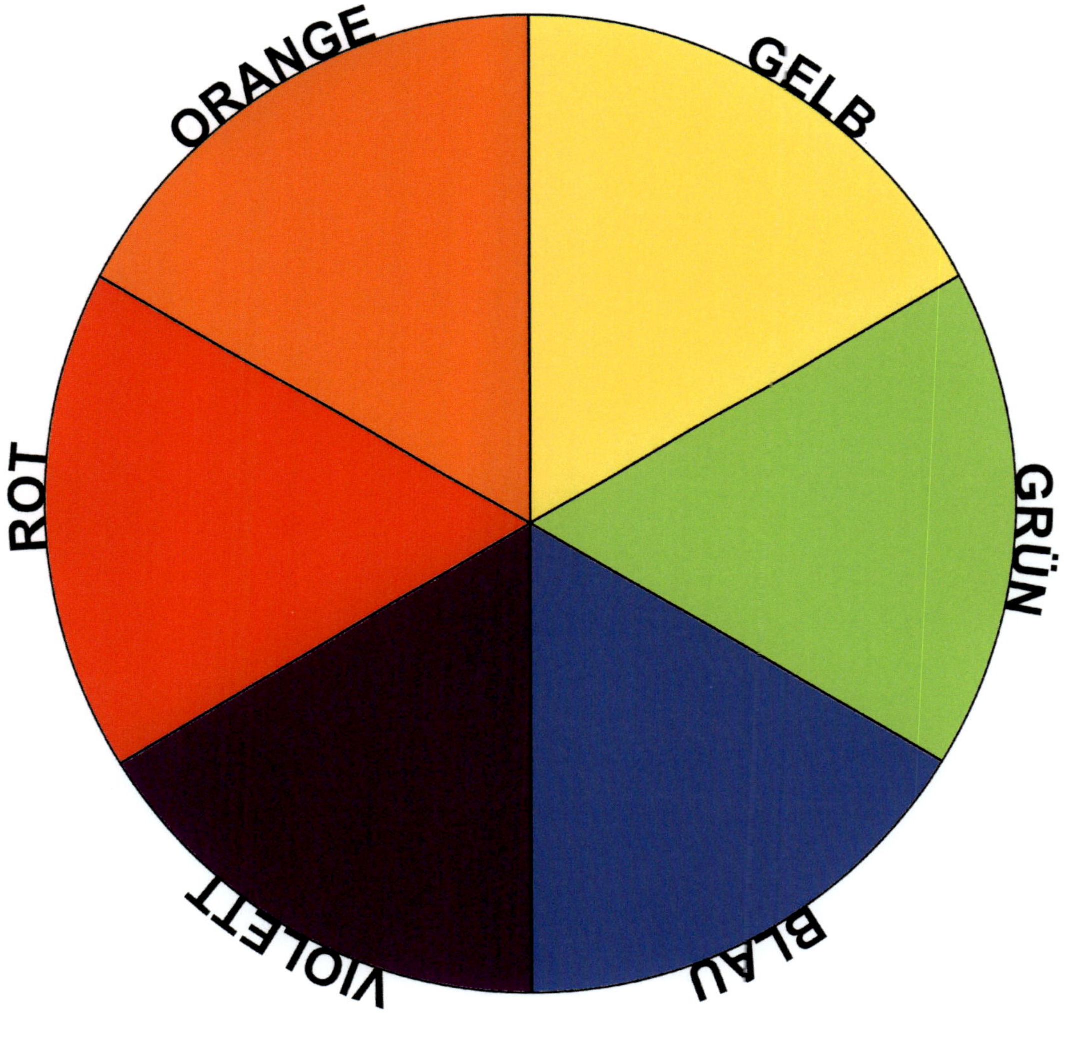

© Lernbiene Verlag
www.lernbiene.de

Lösung Station 6 – Wir kennen viele Farben

Entdecke die Farben!
Die Farbkartei hilft dir dabei.

Aus den drei Grundfarben ROT, GELB und

BLAU kann ich alle Farben mischen.

Wenn ich Rot und Gelb mische, bekomme ich ORANGE.

Der größte Gegensatz zu Gelb ist VIOLETT.

Das sind kalte Farben: (Male sie auf!)

Der Regenbogen hat 7 Farben. (Wie viele?)
Male einen Regenbogen!

Lösung Station 12 – Farbiger Buchstabensalat

Finde die 11 versteckten Farben!

	R													
	O						W	E	I	S	S			
	S		B	L	A	U								
	A													
			G			V	I	O	L	E	T	T		
			R										G	
	G		A										R	
	E		U										Ü	
	L							R					N	
	B							O						
								T						
										B	R	A	U	N
O	R	A	N	G	E									
						S	C	H	W	A	R	Z		

© Lernbiene Verlag
www.lernbiene.de

Lösung Station 15 – Farbwörter

Verbinde alle Wörter mit der Farbe, zu der sie passen!

himmel-

hell-

tauben-

feuer-

smaragd-

apfel-

kirsch-

raben-

sonnen-

nacht-

zitronen-

wasser-

fuchs-

rost-

flaschen-

blass-

erdbeer-

neon-

blut-

eis-

tannen-

dunkel-

kohl-

karotten-

jeans-

gras-

ziegel-

indigo-

dotter-

veilchen-

oliv-

kiwi-

schnee-

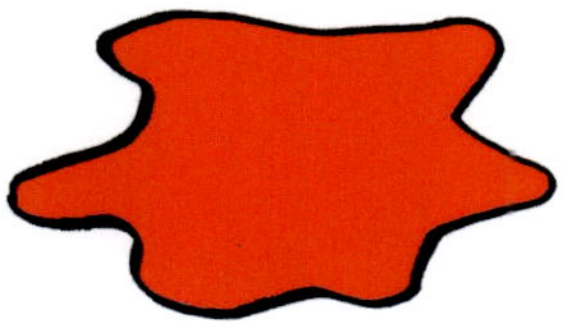

kornblumen-

frosch-

signal-

© Lernbiene Verlag
www.lernbiene.de

Lösung Station 18 – Bunt gemischt!

Mische die Farben!
Verwende Wasserfarben oder Plakatfarben!

Mische Rot und Gelb!
Welche Farbe entsteht?

orange

Mische Blau und Gelb!
Welche Farbe entsteht?

grün

Mische Blau und Rot!
Welche Farbe entsteht?

violett